LICENCE

Tous droits réservés de traduction, de reproduction et d'adaptation pour tous pays.

L'utilisation, la transmission, la modification, la reproduction, sont interdites. La rediffusion ou la vente de toutes les informations reproduites dans ce texte, ou partie de ce texte sur un support quel qu'il soit, sont formellement interdites. L'autorisation préalable et écrite du possesseur des droits est nécessaire, exceptée dans le cas de brèves citations et autres usages, non-commerciaux autorisés par la loi sur le copyright.

Les sites et marques mentionnées dans ce livre le sont à titre purement informatif, sans intention de publicité ni de contrefaçon.

Ce livre n'est pas gratuit. Vous devez acquérir une copie si vous avez reçu ce livre par un tiers. Merci de respecter ainsi le travail de son auteur.

MENTION LÉGALE

Le motif de ce livre est de présenter des informations et des adresses de sites internet spécialisés dans le télétravail. Ce ne sont pas les propres aveux de l'auteur. Au moment de l'écriture de ce manuscrit, des règles ont été émise pour produire les informations à jour. Il pourrait avoir des sites internet inaccessible.

L'auteur et l'éditeur sont irresponsables de l'utilisation du contenu de ce livre, des malentendus ... Et des erreurs pouvant résulter de la lecture de ces informations. Pour toute information dans vos domaines de compétence, veuillez consulter des experts dans les domaines concernés.

ANNUAIRE TÉLÉTRAVAIL TRAVAIL À DISTANCE POUR LES INFORMATICIENS INDÉPENDANTS

45 SITES INTERNET INDISPENSABLES ET FIABLES

Tous droit réserver

ISBN : 978-2-37795-049-2

ALI DIAK

ISSACAR ÉDITION

DÉDICACE

Je dédicace cet annuaire aux informaticiens.

J'apprécie :

* votre capacité d'analyse des besoins

* votre capacité à concevoir et à développer un système d'information informatisé

* votre maîtrise des outils de modélisation tant statiques que dynamiques

* votre rigueur, capacité d'adaptation, esprit d'analyse

* votre sens de communication et votre polyvalence

Cet annuaire sera un bénéfice dans votre activité indépendante.

CONTACT

Email : issacar.edition@gmail.com

Site Internet : http://issacaredition.com/

PRÉFACE

Les technologies actuelles favorisent parfaitement, facilement le travail à distance, notamment grâce à l'internet à haut débit, aux serveurs d'entreprises et au cloud.

Le support le plus évident pour pratiquer une activité professionnelle à domicile est sans conteste internet. Cet outil fabuleux permet de vous mettre en relation avec une immense variété de clients. Internet n'étant pas soumis à des contraintes géographiques, vous pourrez être vu et connu par des clients du monde entier, ce qui demeure constamment un plus.

Sur Internet, vous pouvez rejoindre des plateformes de travail en ligne qui vous mettront en relation avec des clients, elles sont généralement assurées et efficaces.

Mais l'obstacle est que de nombreuses personnes ne savent pas comment localiser.

Les missions de télétravail. Et des tâches qui peuvent être effectuées à distance.

À l'aide de ce livre sous forme d'annuaire, vous comprendrez rapidement ce qu'est le travail à distance, les avantages et inconvénients, l'environnement certaines compétences.

En effet, ce livre s'adresse à tous les pigistes qui souhaitent trouver du travail à distance.

SOMMAIRE

I.   DÉFINITION DE TRAVAILLE À DISTANCE

Le télétravail permet aux employés de travailler à domicile ou dans un centre de télétravail. Le télétravail se fait un ou plusieurs jours par semaine en utilisant des outils de communication tels que téléphone, messagerie instantanée, pour effectuer des tâches à distance. Le terme télétravail est le terme préféré en Europe et dans d'autres pays, tandis que le télétravail est plus utilisé.

II.   QUELS SONT LES AVANTAGES ET LES INCONVÉNIENTS DU TRAVAIL À DISTANCE ?

Les principaux avantages et inconvénients du télétravail.

Les avantages :

- Contribue à une santé optimale.

- Favorise un style de vie plus saine.

- Favorise une meilleure santé physique.

- Contribue à une hygiène de vie plus saine.

- Favorise une meilleure santé mentale.

- Une amélioration de l'alimentation.

- Accroissement de la productivité.

- L'on gagne plus de temps.

- Confort amélioré

- Plus de liberté pour les activités personnelles.

- Élimination des trajets entre le domicile et l'entreprise.

- Une hausse de la motivation.

- Davantage de contrôle sur la vie professionnelle.

- Focalisation sur le travail.

- Plus de temps de sommeil.

- Davantage d'économies financières.

- Horaires de travail souples.

- Aucune obligation vestimentaire liée au lieu de travail.

- Vous choisissez votre lieu de résidence.

- Possibilité d'exercer votre activité professionnelle où vous le souhaitez.

- Indépendance absolue.

- Diminution des déplacements.

- Liberté individuelle.

- Liberté de choix.

- Rémunération fixe et identique.

- Totalement indépendant.

- Financièrement indépendant.

- Possibilité de sélectionner vos partenaires de travail.

- Vous choisissez où exercer votre activité.

- Vous décidez de votre façon de travailler.

- Vous êtes entièrement indépendant.

- Vous profiterez davantage de vos proches.

- Vous n'aurez pas à vous déplacer.

- Élimination des frais de transport.

- Vous gagnez plus d'argent.

- Vous pourrez réaliser vos rêves.

- Tour du monde professionnel.

- Cadre de travail plus confortable.

Les inconvénients :

- Stress plus complexe à gérer.

- Risque d'un retrait social plus conséquent.

- Un manque de discipline personnelle.

- Difficulté à s'auto-gérer.

- L'isolement social.

- La difficulté de séparer le professionnel et le privé.

- Possibilité de travailler plus d'heures.

- La perte du sentiment d'appartenance à l'entreprise.

- Difficulté à travailler avec les collègues.

- Perte des échanges avec les collègues.

- La sécurité des données depuis le lieu de résidence.

- La complexité du travail d'équipe.

- Problème de communication efficace avec les collègues.

- Les défis techniques.

- Responsabilité considérable.

- Vous devrez prendre en compte toutes les charges.

- Une dépendance accrue à l'ordinateur.

- Une surcharge de travail.

- Possibilité de gestion inadéquate de votre temps.

- Diminution des interactions physiques.

- Réduction des rencontres en personne.

- Baisse des échanges verbaux.

III. QUEL EST L'ENVIRONNEMENT POUR TRAVAILLER À DISTANCE

- Prendre un environnement de travail confortable et calme.

- Disposer d'un bureau dédié au travail

- Transportez facilement votre équipement en achetant à un sac de rangement.

- Branchez sur un parasurtenseur vos matériaux.

- Achetez du matériel et des logiciels de qualité.

- Mettre un bon antivirus, ensuite mettre à jour régulier.

- Mettre en place un pare-feu pour sécuriser les données importantes.

- Équipez l'espace de travail d'un mobilier verrouillé.

- Placez une bougie, une photo préférée, près de votre bureau de travail pour vous motiver.

- Optimisez l'éclairage de votre bureau pour vous maintenir en forme toute la journée.

- Investir dans des meubles et une décoration agréable transformera votre bureau en un endroit que vous apprécierez.

- Ajouter de belles plantes et intégrer des œuvres d'art sur les murs

- Prévoyez tous les problèmes, en mettant vos fichiers essentiels sur un disque dur.

- Mettre un siège de bureau confortable qui soutient correctement votre dos et votre cou.

- Assurez-vous que vos pieds sont bien au sol ou soutenus par un repose-pied.

- Veillez à ce que votre bureau de travail soit bien aéré.

- Choisissez un bureau de travail spacieux grand pouvant supporter tout votre équipement.

- Mettez en place des dossiers pour un classement efficace de vos documents importants.

- Vérifiez que votre siège soit bien en hauteur pour travailler confortablement.

- Mettre un dossier sur votre chaise qui soutiendra correctement votre dos.

- Gardez votre ordinateur et vos applications à jour, car ils seront essentiels à votre travail.

- Gardez vos outils et matériels à portée de main.

- Les équipements et le matériel doivent être dans un endroit sec, à l'abri des dommages et des abus.

- L'équipement non utilisé doit être hors tension.

- Veillez à ce que la température et l'éclairage soient adaptés pour pouvoir lire confortablement.

- La porte de votre bureau doit être fermée afin d'avoir une tranquillité.

- Utilisez des lampes artificielles pour obtenir un éclairage adéquat.

- Faire en sorte que votre bureau de travail soit bien ventilé et bien éclairé.

- Choisissez un endroit éclairé proche d'une fenêtre.

- Donnez une touche personnelle à votre lieu de travail afin

d'en faire un endroit épanouissant.

IV. QUELQUES CONSEILS POUR TRAVAILLER À DISTANCE

CONSEIL SUR L'ORGANISATION

- Aménager judicieusement votre zone de travail pour rester efficace.

- Si vous avez des enfants ou des animaux de compagnie, identifiez un endroit dans votre domicile où travailler sans être perturbé.

- Choisissez un lieu calme, à l'écart de toute perturbation.

- Pendant que vos enfants sont en pause, mettez à profit ces moments de calme pour vous concentrer sur vos tâches.

- Pendant la sieste de vos enfants, c'est également un bon moment pour être productif.

- Établissez une heure de travail clairement définie et séparez nettement votre moment professionnel de votre temps personnel.

- Informez votre entourage de votre indisponibilité.

- Établissez un planning qui vous convient.

- Soyez vigilant à vos heures de travail.

- Respectez vos périodes libres et vos temps occupés.

- Utilisez efficacement la messagerie électronique.

- Préparez un espace adéquat pour les visioconférences, avec une webcam.

- Dressez une liste des tâches à accomplir et cochez-les lorsqu'elles sont terminées en fin de journée.

- Fixez-vous des buts à réaliser.

- Terminez votre travail à l'heure fixée, comme vous le feriez en entreprise.

- Passez en revue vos tâches en début de semaine et organisez-vous en conséquence.

- Respectez scrupuleusement votre agenda.

- Adoptez des horaires de travail constants, comme si vous étiez sur votre lieu d'emploi.

CONSEIL SUR LE BIEN-ÊTRE

- Pratiquer du sport régulièrement.

- Travailler dans des espaces collaboratifs.

- Fréquenter ses amis de manière assidue.

- Se promener dans son logement tout en étant au téléphone.

- Faire une pause-déjeuner de 30 minutes.

- Investir dans un équipement mains libres.

- Quittez votre habitation et vous promenez aux alentours avant de reprendre vos tâches.

- Faites plusieurs repos réguliers dans la journée pour éviter la fatigue et la distraction.

- Changer d'environnement de travail peut grandement améliorer votre productivité.

- Interagissez avec d'autres personnes présentes dans votre lieu de travail.

- Préparez le repas du jour la veille.

- Définissez des alarmes pour vous lever et vous étirer régulièrement.

- Évitez les médias sociaux pendant votre travail.

- Mettre votre téléphone personnel en mode silencieux.

- Lorsqu'il fait beau, effectuez vos appels téléphoniques en vous promenant à l'extérieur.

- Écoutez de la musique favorable à votre concentration.

- Portez d'élégantes tenues vestimentaires.

- Procurez-vous ou allez chercher un café.

- Faites quelques pas toutes les heures afin d'éviter les problèmes de santé.

CONSEIL PRÉVENTIF

- Assurez-vous d'avoir une connexion Wi-Fi mobile fiable en cas de panne d'électricité.

- Séparez votre ordinateur de travail de celui à usage privé.

- Utilisez un numéro de téléphone dédié.

- Cela facilite la gestion de votre vie.

- Procurez-vous les équipements et outils nécessaires avant de vous mettre au télétravail.

CONSEIL ÉCONOMIQUE

- Déconnectez vos appareils électroniques lorsque vous êtes absent.

- Privilégiez l'utilisation d'ampoules LED, plus économes que les éclairages classiques.

- Avisez-vous de couper le chauffage ou la climatisation quand vous n'êtes pas là.

- Choisissez des électroménagers à haute efficacité énergétique.

- Imprimez uniquement lorsque c'est nécessaire.

- Éteindre les lumières en sortant d'une pièce.

CONSEIL COLLABORATIF

- Maintenir des relations avec votre équipe

- Définissez et faites connaître les heures d'ouverture du bureau à vos collègues.

- Communiquez régulièrement avec vos collègues, cela favorisera le maintien du lien et le sentiment d'appartenance à l'entreprise.

- Organisez des réunions avec votre équipe et travaillez sur des projets.

- Assistez à des activités sociales.

- Rejoignez un groupe d'entraide pour les télétravailleurs.

- Gardez une communication fluide avec votre manager.

- Ayez une communication bilatérale avec votre supérieur et n'hésitez pas à lui demander de l'aide.

CONSEILS POUR ATTIRER DES CLIENTS

- Créez un profil professionnel qui vous met en valeur.

- Mettez en lumière vos compétences.

- Décrivez vos expériences et vos réalisations.

- Publiez des prestations effectuées afin que les clients puissent découvrir votre travail.

- Utilisez des mots-clés pertinents dans votre titre, votre description et vos tags, pour faciliter les clients à trouver votre profil.

- Assurez-vous de la qualité du service en répondant aux questions.

- Soyez réactif aux demandes des internautes.

- Soyez ouvert aux critiques et aux retours.

- Utilisez les remarques des clients pour améliorer vos services et votre profil.

- Gardez un œil sur les tendances récentes afin de maintenir la pertinence de vos offres.

- Utilisez une photo professionnelle.

- Un nom d'utilisateur qui reflète votre marque.

- Rédigez une description détaillant vos activités et de ce qui fait de vous le mieux placé.

- Faites preuve de patience et de souplesse dans votre approche.

- Respectez les délais de livraison.

- Soyez à l'écoute de vos clients.

- Réagissez vivement aux sollicitations des clients potentiels.

- Offrez des garanties ou des conditions de remboursement attrayantes.

- Faites-vous remarquer auprès des clients potentiels.

- Participez aux groupes de discussion pour vous faire remarquer sur ces sites de télétravail.

- Proposez des réductions ou des promotions exclusives pour attirer des clients novices.

- Proposez des services complémentaires pour diversifier vos revenus.

- Ayez de la patience.

- Gardez une attitude positive.

- Partagez des photos de vos réalisations passées.

- Offrez des recommandations et des astuces dans votre domaine de compétence.

- Fixez des prix attractifs.

V. LES TÂCHES POUVANT ÊTRE FAIT EN TRAVAILLE À DISTANCE

En tant que informaticiens, vous trouverez ci-dessous une liste des missions les plus prisées par les internautes, que vous pouvez effectuer à distance ou en télétravail.

Ajoutez cette liste dans la description de votre profil ou dans les services que vous proposez.

Cela vous aidera à attirer davantage de clients vers votre profil.

NB : **utilisez l'orthographe précise des termes énumérés ci-dessous, étant donné qu'il s'agit des mots-clés les plus populaires sur Internet.**

- analyste

- it analyst

- data analyste

- analyste de données

- analyste data

- analyste fonctionnel

- analyste fonctionnelle

- analyste marketing

- analyste en cybersécurité

- analyste conformité

- analyste en sécurité informatique

- analyste logistique

- analyste web

- web analyste

- analyste technologique

- analyste applicatif

- analyste logiciel

- informaticien cybersécurité

- informaticien réseau

- informaticien gaming

- maintenance informatique

- algorithme informatique

- réparation informatique

- technicien informatique

- sécurité informatique

- informatique bureautique

- codage informatique

- virus informatique

- bug informatique

- piratage informatique

- cheval de troie informatique

- développement de logiciel

- informaticien de maintenance

- programmer des publications instagram

- programmer des story instagram

- programmer des messages sur whatsapp

- programmer des publications facebook

- programmer des messages sur iphone

- programmer des posts sur linkedin

- programmer des tweets

- analyste sécurité informatique

- analyste conformité

- analyste d'exploitation informatique

- analyste cobol

- analyste sharepoint

- développement web

- développement web full stack

- développement web mobile

- développement web front end

- développement web html css

- intégrateur front end

- codeur web

- programmation full stack

- analyste informaticien

- informaticien analyste

- informaticien web

- informaticien expert

- informaticien en gestion

- réparation ordinateur

- réparation pc

- réparation informatique

- maintenance en informatique

- réparation ordinateur portable

- réparation pc portable

- réparation disque dur externe

- assistance et services informatiques

- assistance informatique

- dépannage informatique à domicile

- dépannage ordinateur

- dépannage pc

- réparation écran ordinateur

- réparation écran pc

- réparation de pc

- assistance pc

- recyclage ordinateur

- dépannage ordinateur à domicile

- aide informatique à domicile

- informaticien à domicile

- assistance informatique à domicile

- conseil informatique

- dépannage informatique a domicile

- câblage informatique

- solution de sauvegarde

- réparation écran pc portable

- réparation écran ordi portable

- réparation carte graphique

- informatique dépannage

- rachat pc portable

- rachat ordinateur

- maintenance pc

- apple dépannage

- fournisseur informatique

- infogérance serveur

- dépannage ordinateur portable

- maintenance ordinateur

- maintenance des ordinateurs

- dépannage pc à domicile

- sauvegarde informatique

- dépannage pc portable

- changer écran pc portable

- pc dépannage

- sauvegarde externalisée

VI. LES OUTILS POUR LE TRAVAIL À DISTANCE

Des outils pratiques vont faciliter vos travaux à distance. Voici ci-dessous la liste de ces outils et les liens vers les éditeurs.

1 - outils de gestion de projet

Trello

Trello est un outil utile pour assigner et organiser des tâches dans un projet. Cet outil d'organisation collaborative est actuellement très efficace et gratuit.

Lien : https://www.trello.com/

Asana

Assana est un outil de création de projets favorisant la collaboration. Ensuite, vous devrez créer des tâches et affecter une personne responsable pour chaque tâche.

Lien : https://www.asana.com/fr

TeamViewer

Teamviewer est un programme qui fournit un accès distant sécurisé aux ordinateurs. Ceci est utile pour accéder à votre propre ordinateur ou aider les gens à la maison.

Lien : https://www.teamviewer.com/fr/

Remote PC

PC Remote est un programme qui vous permet d'accéder à un autre ordinateur à partir d'un emplacement distant. PC Remote est conçu pour être flexible et peu coûteux pour permettre d'accéder à n'importe quel ordinateur via le réseau, Internet, un port série d'ordinateur ou via une connexion modem.

Lien : https://www.remotepc.com/

3 - les outils de transfert de fichier

Google Drive

Google Drive est également un type de logiciel informatique qui peut facilement gérer les fichiers de Google Drive sur Internet.

Lien : https://www.google.com/intl/fr/drive/

Dropbox

Dropbox est un service gratuit pouvant partager des fichiers avec d'autres personnes en leur fournissant un lien de stockage et de partage

Lien : https://www.dropbox.com/

4 - les outils d'appels vidéo et de partage d'écran

Zoom

Zoom permet de faire des vidéos à distance avec l'ordinateurs, le téléphone partout dans le monde avec plusieurs participants.

Lien : https://www.zoom.us/

Jitsi Meet

Jitsi Meet, crée une réunion puis un lien est généré et il vous suffit de le copier aux participants afin qu'ils puissent rejoindre la visioconférence.

Lien : https://meet.jit.si/

VII. COMMENT TROUVER DU TRAVAIL À DISTANCE

Pour rechercher des travaux en télétravail, vous pouvez vous inscrire sur plusieurs sites internet dédié au télétravail.

Ces sites dédiés fournissent des milliers de tâches destiné aux informaticiens internationaux indépendants. Les informaticiens peuvent trouver certains avantages grâce à ces sites de télétravail.

Ces avantages sont :

- Sécurité, résolution des litiges, garanties de paiement et contrats
- Gain de temps puisque des tâches existent déjà sur ces sites web

Chaque sites web à ses propres principes. Le principe est de lier les informaticiens indépendants à des entreprises.

Le prix de l'enregistrement sur ces sites web de télétravail.

Il existe 2 sortes de prix :

Prix gratuit : vous permet de vous inscrire gratuitement sans payer de frais. Habituellement, le coût est payé par l'entreprise.

Prix mensuel : Il vous suffit de payer XX euros par mois pour accéder à des missions.

Le prix de la commission ces sites web dédié.

Il est compris entre 0 % et 20 % du montant payé par le client aux informaticiens. Tout dépend de la stratégie de chaque site web.

Les types de mises en contact sur les sites de télétravail.

1 - mises en contact des informaticiens
d'avec le client

Les informaticiens consultera la demande du client puis réalisera les travaux demandés.

Les informaticiens peuvent choisir de contacter le client pour obtenir des informations détaillées sur la commande.

2 - mises en contact du client
d'avec les informaticiens

Les clients consultent les services proposés par les informaticiens indépendante afin de faire une demande de prestations.

Les clients peuvent choisir de demander aux informaticiens des informations détaillées sur les services qu'elles fournissent.

En conséquence, j'ai classé et sélectionné 45 destinations avec des listes distantes dans le monde entier. Certains sites utilisent le français, tandis que d'autres utilisent l'anglais.

VIII. LISTE DES SITES OFFRANT DU TRAVAIL À DISTANCE POUR LES INFORMATICIENS

1. Befreelancr

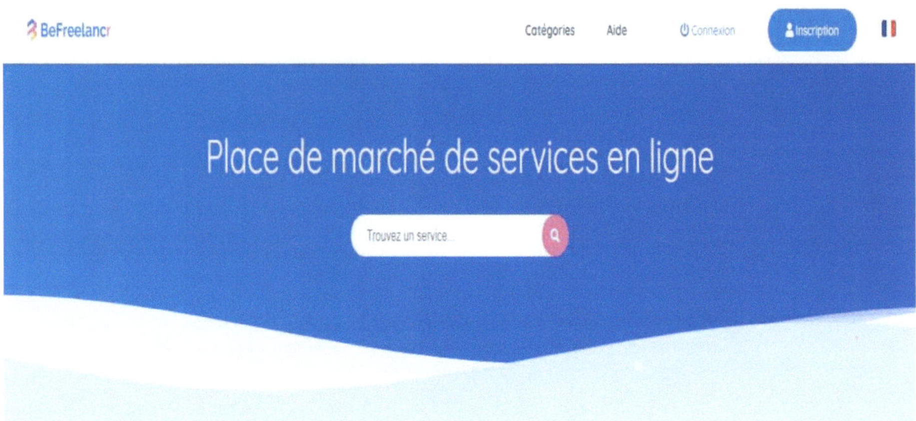

En France, BeFreelancr propose une plateforme pour les travailleurs indépendants. En vous inscrivant gratuitement, vous pouvez publier vos services.

BeFreelancr demande une commission de 60 % pour chaque article vendu. Il est possible d'effectuer le paiement par virement bancaire ou par PayPal.

À tout moment, il doit être payé.

https://www.befreelancr.com/fr

X-team recevez des offres de services pour travailler à distance avec les plus grandes marques mondiales. Faites-vous payer par Xteam après validation du client.

https://www.x-team.com/join/

3. Toptal

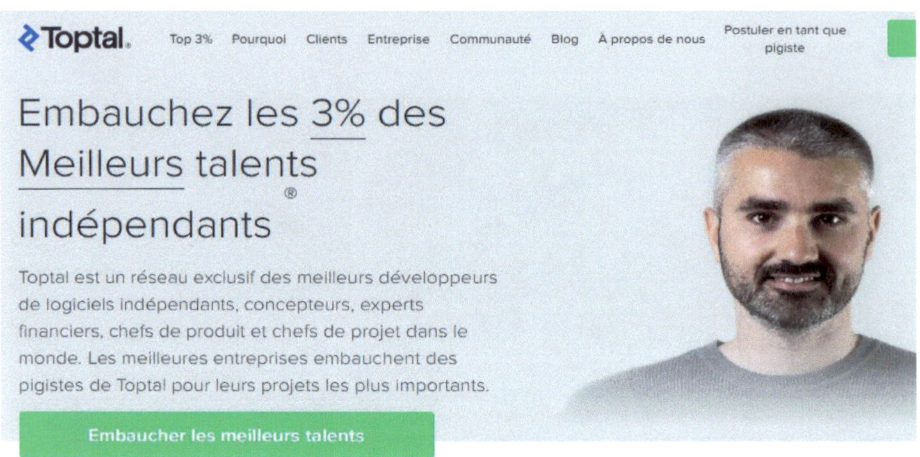

Toptal travaille partout à vos conditions. Vous pouvez travailler en tant qu'informaticien depuis votre domicile, à l'autre bout du monde.

https://www.toptal.com/

4. Workingnomads

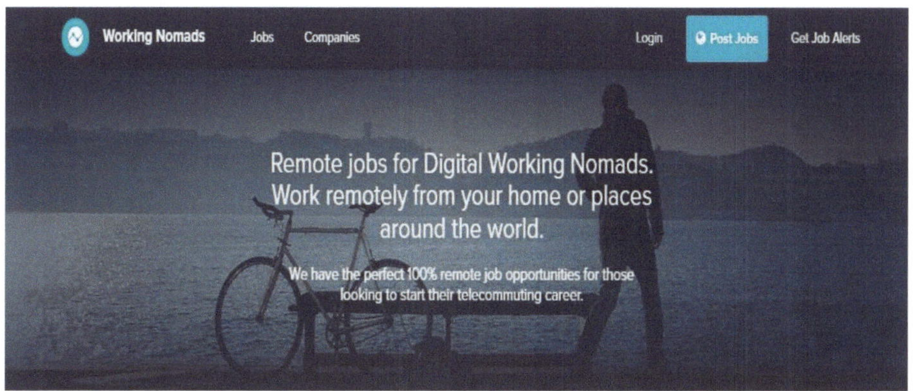

Workingnomads est une plateforme mondiale de travail indépendant à distance. Elle connecte des professionnels qui travaillent à distance aux entreprises du monde.

Les indépendants peuvent s'inscrire gratuitement. La relation avec les futurs clients est directe.

En revanche, Workingnomads facturent aux entreprises la publication de leurs offres d'emploi.

https://www.workingnomads.com/

5.Peopleperhour

PeoplePerHour est une plate-forme indépendante qui possède une variété de micro-emplois répertoriés sur leur site. Chez PeoplePerHour, vous pouvez publier vos propres services, ainsi qu'envoyer des propositions aux clients.

https://www.peopleperhour.com/

6. Remote

Remote.co permet aux professionnels de divers domaines

de travailler à distance. Il connecte les employés à distance à

des entreprises du monde entier. Les indépendants peuvent

s'inscrire sans frais. La plateforme est renommée et mondiale.

https://www.remote.co/

7.Pacayo

Pacayo vous permet de vendre en ligne vos services puis les clients consultes votre profile pour vous commander des missions.

https://www.pacayo.com/

8. Malt

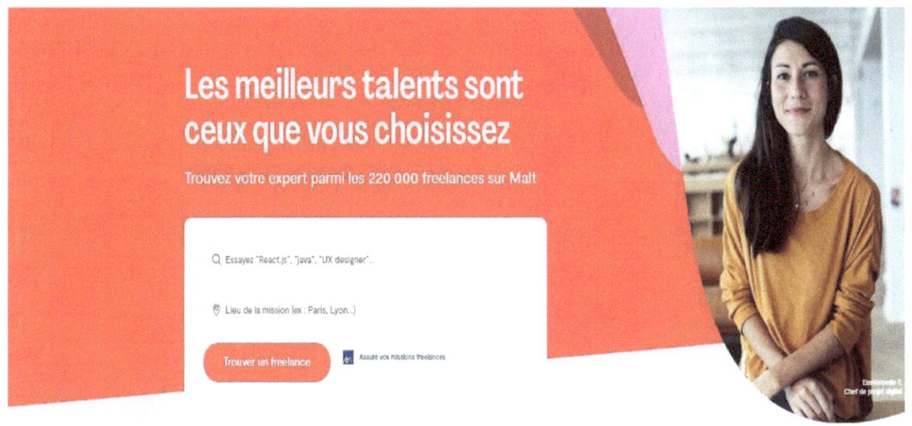

C'est une plateforme qui sert d'intermédiation. Elle a été créée en 2013 et ses services impliquent des informaticiens indépendants résidant en France et en Europe. Vous pouvez utiliser plusieurs langues.

Les informaticiens indépendants sont inscrits gratuitement. Après inscription, le client consultera votre service, s'il est intéressé, il vous confiera une tâche.

Après vérification du client, vous pouvez être payé par Malt.

La Commission maltaise suppose que vous facturez 5 à 10 % de plus aux clients.

https://www.malt.fr/

404works est un site de freelance français peut connu, vous avez donc plus de chance d'être engagé. De grands groupes tels que carrefour ou LVMH leur font confiance, vous pouvez donc également le faire.

https://www.404works.com/fr

10. Codeur

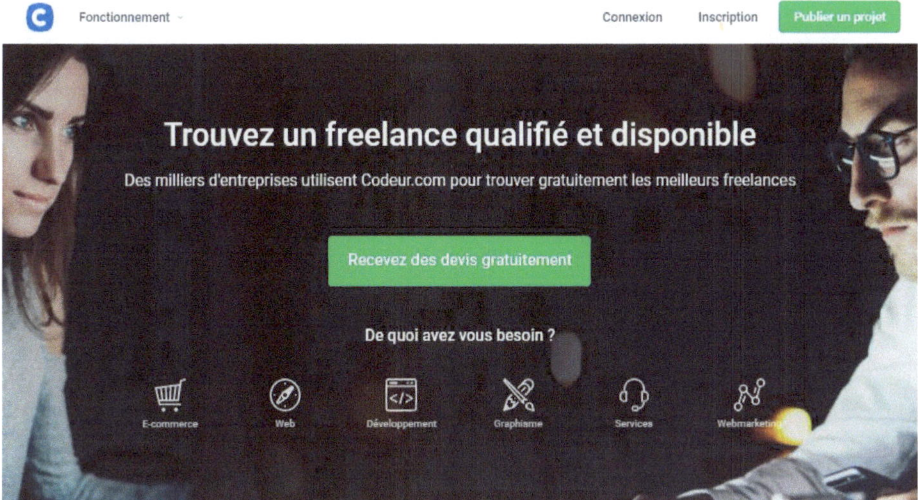

Un site qui permet de trouver des clients en quelques minutes et qui a déjà eu la confiance de plus de 76 000 clients. Le client soumet une demande et c'est jusqu'à 15 devis qu'il peut recevoir des informaticiens indépendants.

https://www.codeur.com/

11. Upwork

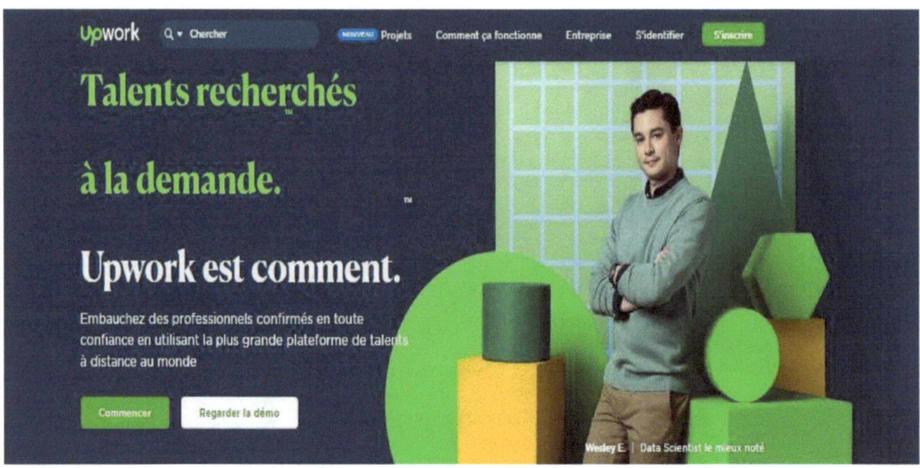

Upwork dessert 180 pays, vous permettant d'obtenir des missions en informatique.

Vous pouvez obtenir beaucoup de travaux. Le client recherchant un informaticien efficace dans son domaine et pertinent, tandis que les informaticiens recherchent les meilleurs missions en fonction de leur expertise.

https://www.upwork.com/

12. Starofservice

StarOfService

**Tous les professionnels,
au meilleur prix.**

Starofservice met en relation les informaticiens avec de nombreux clients. Un guide des prix est disponible en ligne afin d'estimer vos futures missions. Vous avez la possibilité de travailler à travers 130 pays à travers le monde.

https://www.starofservice.com/

13. Comeup

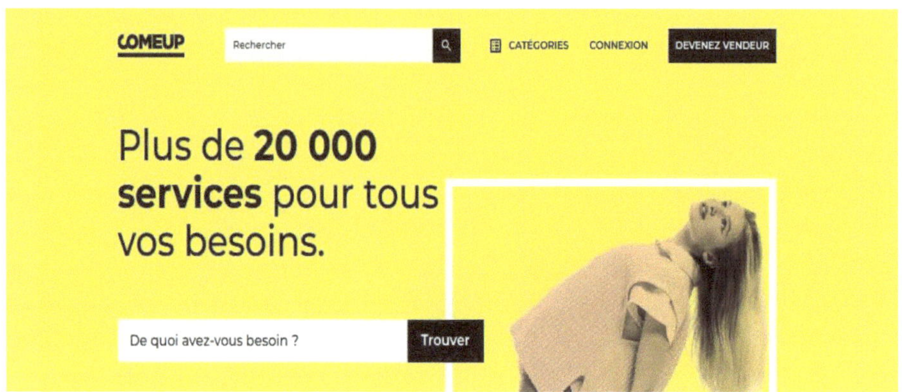

Comeup est un site très expérimenté. Le principe est praticable, vous mettez en évidence vos compétences d'informaticiens, si vous êtes partant, le client vous contactera. Le prix de votre prestation devrait commencer à Comeup, en fonction des missions et de la compétence. Vous pourrez progressivement passer à plus de 10 000 euros.

https://www.comeup.com/fr/

14.Humaniance

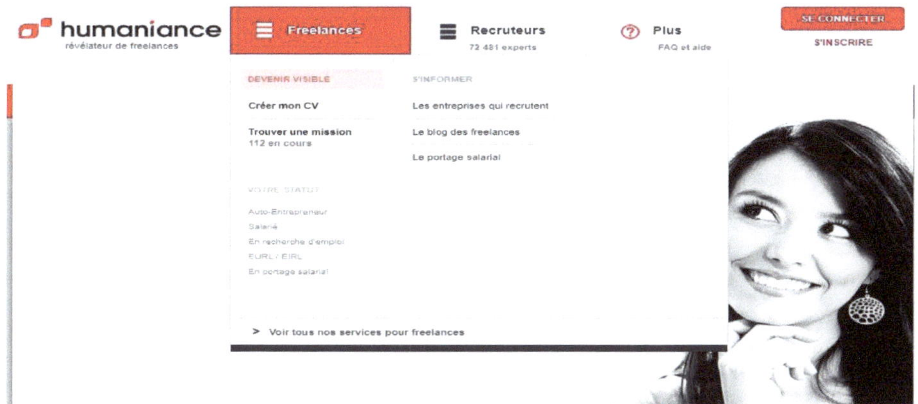

Humaniance avec ses plus de 50 000 freelances, vous trouverez forcément les clients qu'il vous faut. En plus vos futurs clients sont complètement fiables car chaque nouveau profil est vérifié manuellement.

http://www.humaniance.com/

15.Les bons freelances

Les bons freelances permettent d'augmenter votre visibilité et de trouver des clients. Vous répondez aux missions pour informaticiens qui vous intéressent et vous recevez directement des demandes de nouveaux clients. L'inscription est gratuite et il n'y a aucune commission.

https://www.lesbonsfreelances.com/

16. Twago

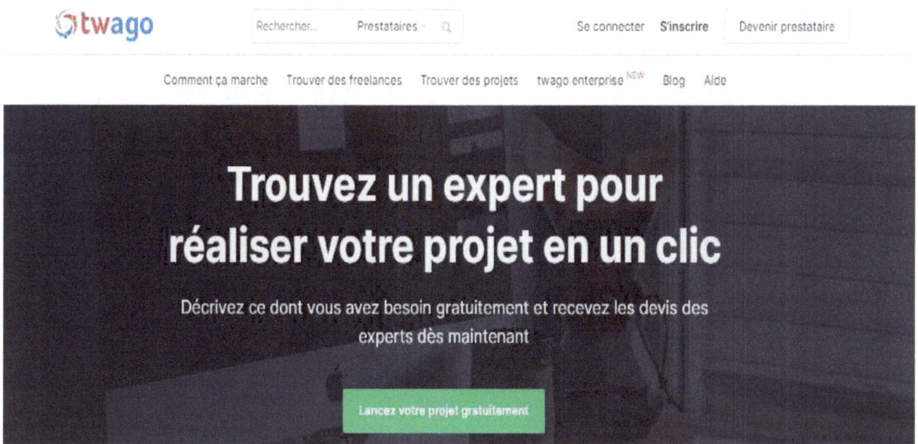

Twago met en relation entreprises et informaticiens dans de nombreux domaines tels que des développeurs web, des développeurs d'applications, des graphistes. Vous n'avez qu'à décrire votre projet puis des experts vous enverront

https://www.twago.fr/

17.Fiverr

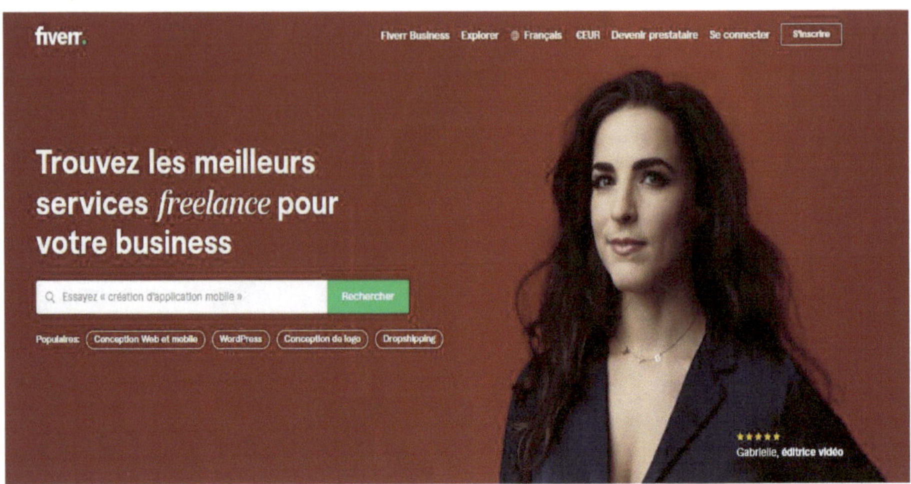

Fiverr est une plateforme qui réunit les offres des informaticiens et les demandes des entreprises qui veulent acheter ou vendre des services.

Le paiement est remis aux informaticiens que lorsque le client est satisfait.

https://fr.fiverr.com/

18.Guru

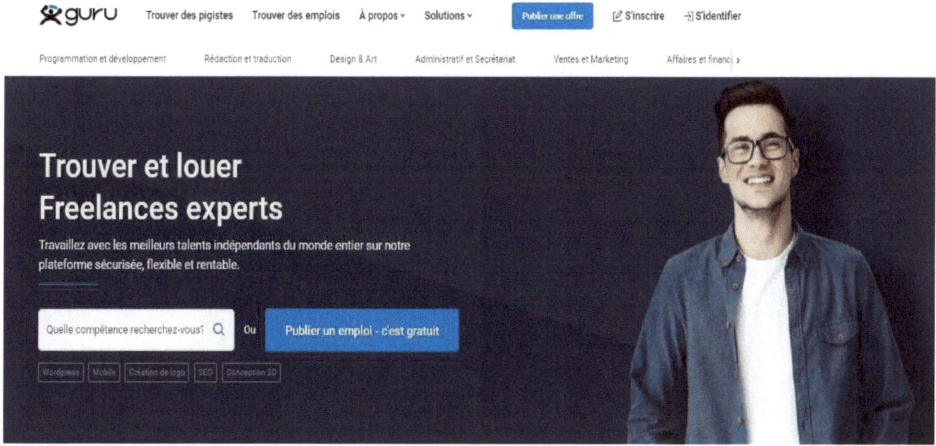

Guru met en relation les informaticiens avec des clients, Le client choisi le meilleur devis proposer par plusieurs informaticiens.

Guru offre la protection de paiement et vous pouvez choisir plusieurs conditions de paiement c'est-à-dire : toutes les heures, basé sur les tâches, ou paiement récurrent

https://www.guru.com/

19.Flexjobs

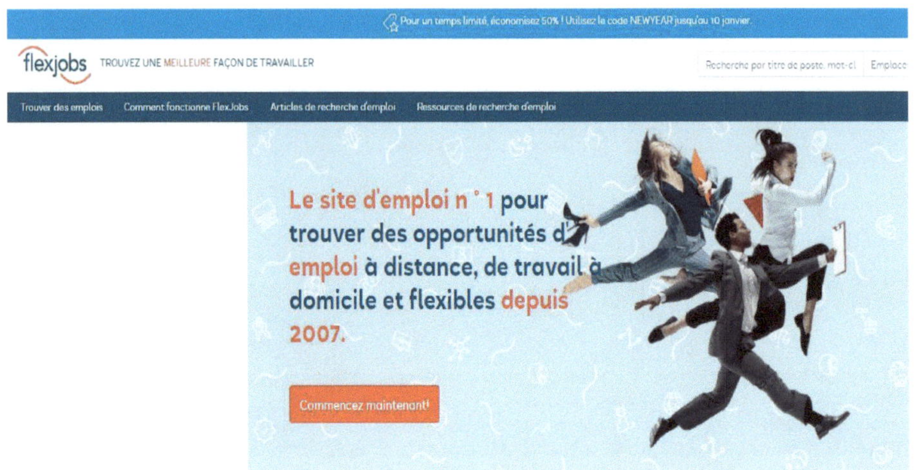

FlexJobs est spécialisé dans les emplois à distance, à temps partiel et indépendants dans le monde. Vous trouverais des missions d'informaticiens partout dans le monde.

https://www.flexjobs.com/

20. Talent hubstaff

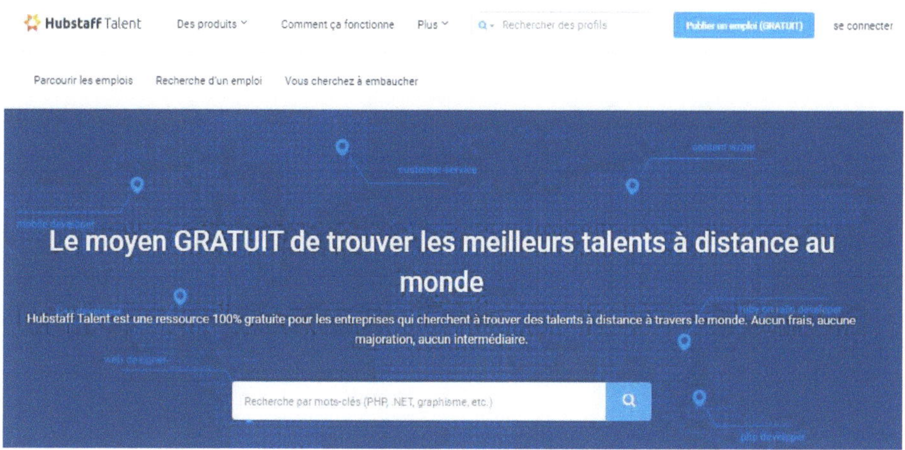

Talent hubstaff regroupe les informaticiens du monde entier. Vos clients vous viennent de partout le monde. Vous pourriez rapidement créer une équipe d'informaticiens à distance sans aucun frais ni majoration.

https://talent.hubstaff.com/

21.Cyberworkers

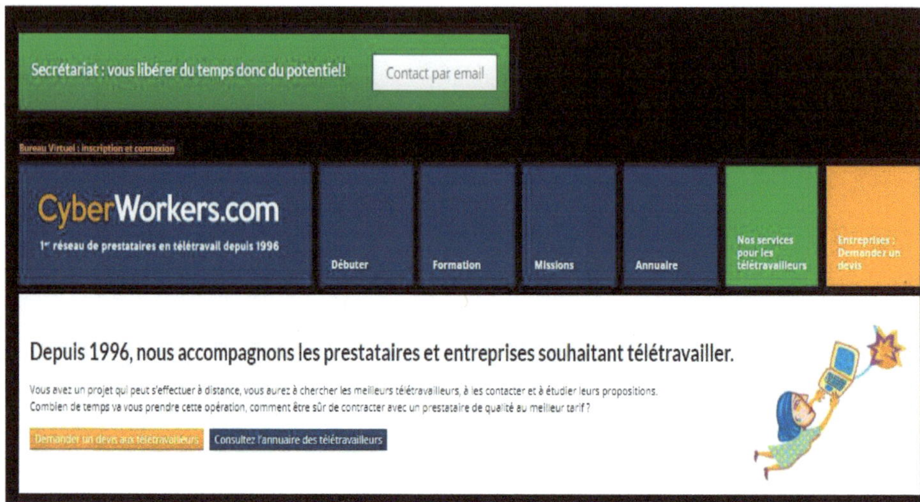

Depuis 1996, cyberworkers est un réseau de télétravailleurs mettant en relation les offres des entreprises et les demandes d'informaticiens.

https://www.cyberworkers.com/

22. Jobspresso

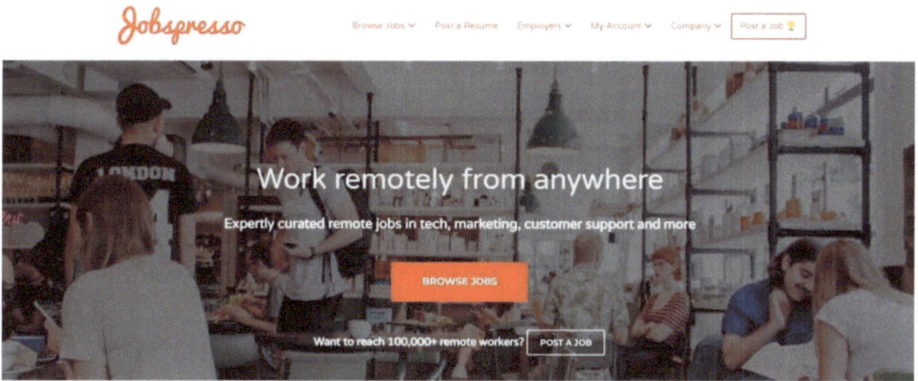

L'entreprise canadienne Jobspresso offre aux freelances la possibilité de travailler à distance. Sur le site, les freelances travaillent gratuitement de n'importe où dans le monde.

Envoyez votre CV et vous serez contacté directement par des entreprises.

https://www.jobspresso.co/

23.Seoclerks

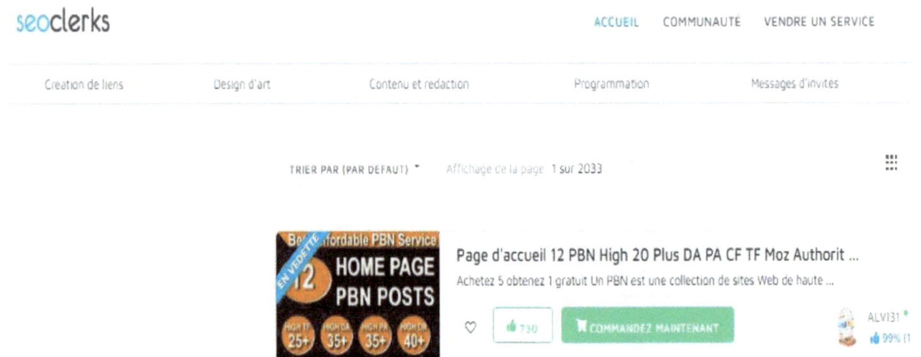

Seoclerks est site qui offre les services aux entreprises et aux informaticiens.

https://www.seoclerks.com/

24. Khdemti

La publication de vos prestations en informatique est entièrement gratuite, le choix d'un client est facultatif.

https://www.khdemti.com/

25. Freelance-info

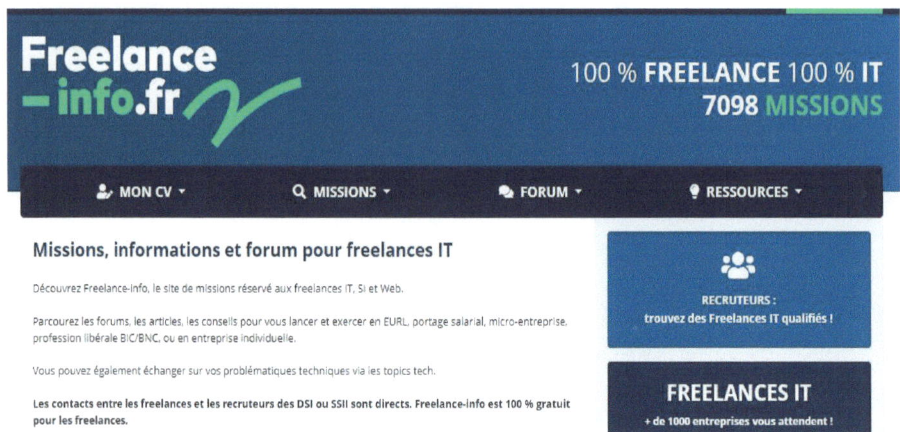

Les contacts entre les informaticiens et les clients sont directs.

L'inscription est 100 % gratuit pour les informaticiens.

https://www.freelance-info.fr/

26. Kang

Kang est une plateforme de services à la demande qui vous propose les services des informaticiens.

https://www.kang.fr/

27. Freelance-informatique

Freelance-informatique connecte les consultants indépendants et des entreprises clientes. Les freelances peuvent s'inscrire gratuitement et postuler aux offres qui leur correspondent.

Il existe de nombreuses missions à temps plein et à long terme disponibles. Les freelances sont mis en relation directe avec l'entreprise. L'entreprise utilise le site comme intermédiaire de confiance pour évaluer les freelances.

De ce fait, l'entreprise paye la plateforme qui paie le freelance.

https://www.freelance-informatique.fr/

28. Pixelclerks

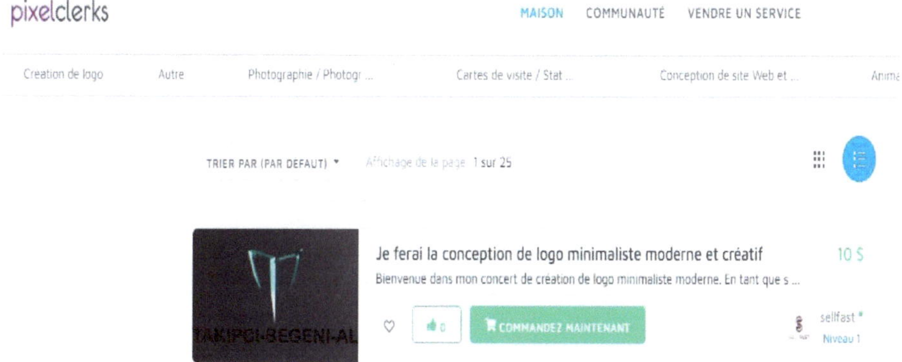

PixelClerks est un marché indépendant pour les informaticiens.

https://www.pixelclerks.com/

29. Toogit

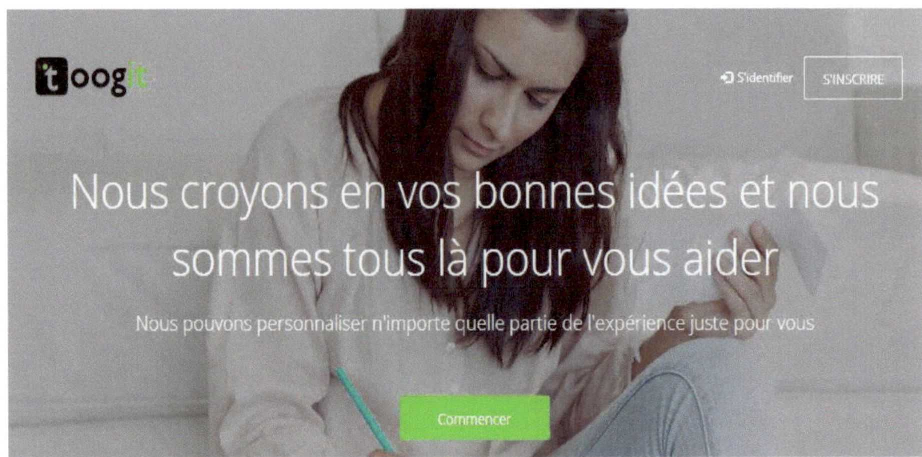

Toogit est un marché où les propriétaires de projets et les informaticiens travaillent ensemble.

https://www.toogit.com/

30. Cremedelacreme

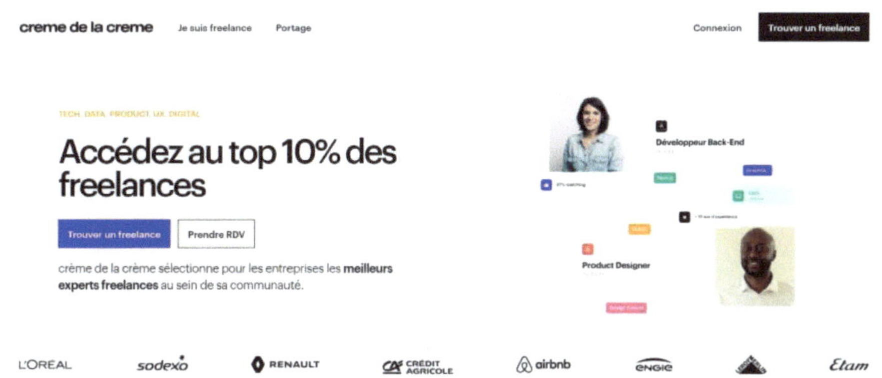

Cremedelacreme s'adresse aux freelances dans le domaine numérique en France et en Europe.

Il faudrait avoir 3 ans d'expériences en freelance et avoir une immatriculation fiscale pour s'inscrire gratuitement.

Vous devrez attendre jusqu'à 7 jours pour validation. Une fois votre inscription vérifiée, vous recevrez des tâches correspondant à votre profil. Pour chaque tâche accomplie, la plateforme facture une commission de 18 %.

Chaque freelance qui effectue une tâche dans les 48 heures est payé. Le paiement se fait par virement bancaire trois jours après la commande.

https://www.cremedelacreme.io/

31. Truelancer

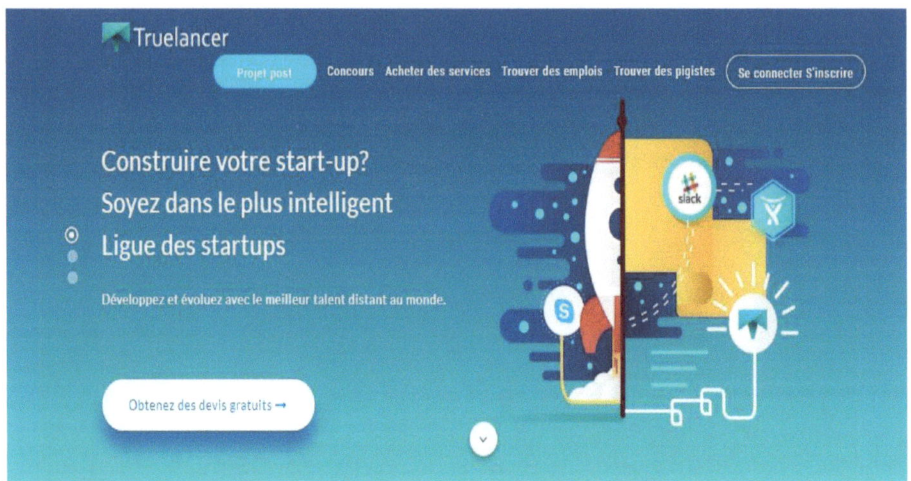

Truelancer est une plateforme permettant aux informaticiens et aux clients de collaborer et de travailler ensemble. Leur vision est de concevoir des relations de confiance à travers le monde.

https://www.truelancer.com/

32. Freelance

Un site web pour le travail à distance en France est Freelance.com. Il améliore la communication entre les freelances et les clients. Il est gratuit pour les télétravailleurs indépendants. Après soumission de votre profil, les entreprises vous contacteront.

Le client doit payer à freelance.com une commission

de 12,5 %. Le paiement s'effectue sous 24 h

https://www.freelance.com/

33. Littlebigconnection

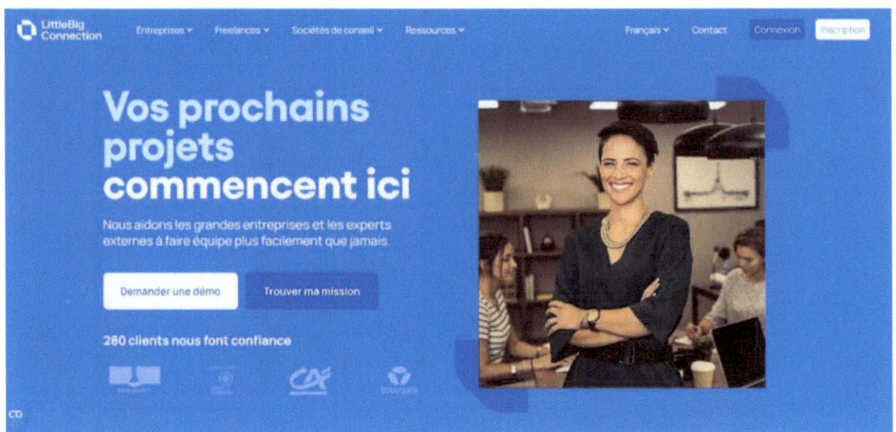

Littlebigconnection mondialement connu permet aux indépendants de trouver des missions. L'inscription est gratuite mais le site fait des choix au cours du processus d'inscription.

Vous pouvez communiquer avec vos futurs clients sans intermédiaires et fixer librement les tarifs journaliers.

Vous recevrez le règlement immédiatement après la prestation dans un délai de 3 à 5 jours par virement bancaire.

Les pigistes n'ont pas de commissions à payer, les clients oui.

Les clients paient des frais de 15 % en plus du tarif journalier du freelance.

https://www.littlebigconnection.com/fr/

34. Fourerr

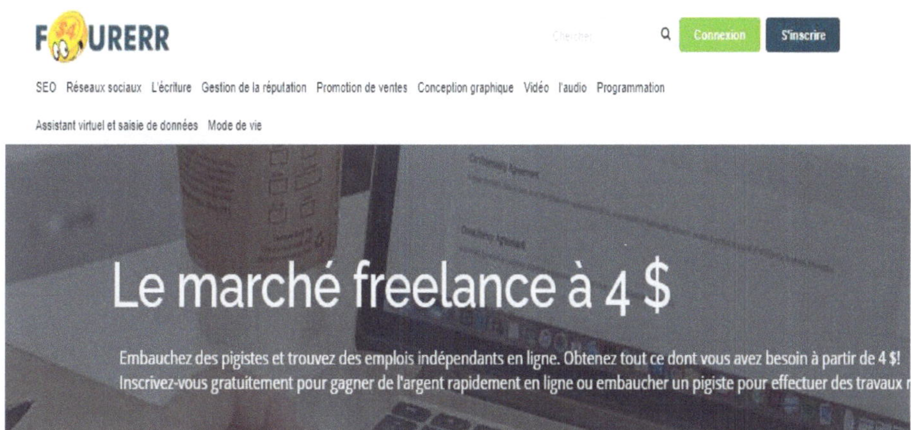

Fourerr est un endroit où vous pouvez vendre vos prestations d'informaticien en ligne et gagner de l'argent.

https://www.fourerr.com/

35. Dice

Dice sont le meilleur endroit pour vos prestations d'informaticiens. Vous pouvez vous mettre devant les opportunités.

https://www.dice.com/

36. Airjob

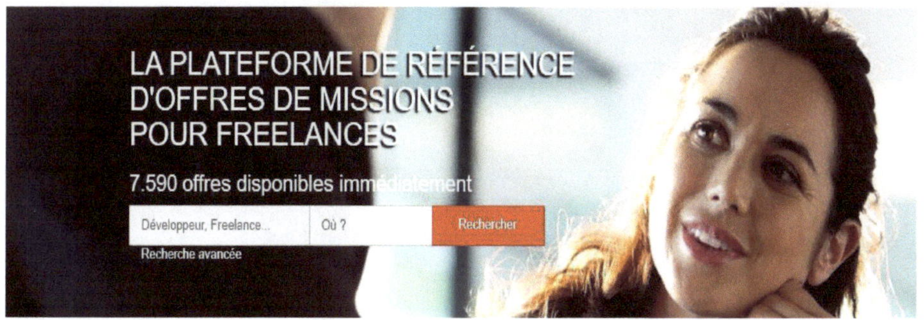

Vous pouvez sans même avoir créé de compte navigué à travers le site et rechercher les missions diverses d'informaticiens qui pourraient vous plaire.

Une fois vos missions ciblées, il vous suffit simplement de vous inscrire pour pouvoir postuler. Vous aurez à renseigner d'informations accessibles. Vous pourriez entrer en contact avec les entreprises qui vous intéressent.

https://www.airjob.fr/

"

37. Zeerk

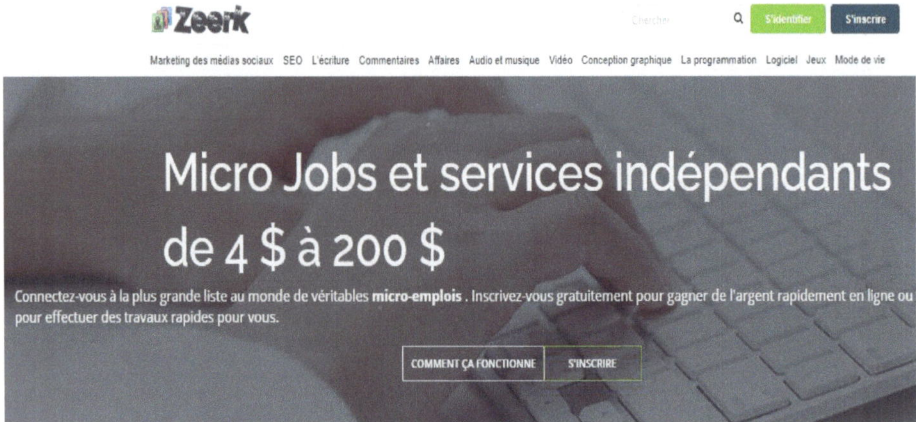

Zeerk est un site de télétravail. Il est destiné aux informaticiens et clients du monde entier. Ils favorisent la mise en relation entre informaticiens et entreprises. Les méthodes de paiement sont PayPal. La commission de leur prestation est de 10 %. Ils facturent une commission de 10 % sur vos prestations sans attente et vous êtes payé le jour de votre prestation.

https://www.zeerk.com/

38. Freelancer

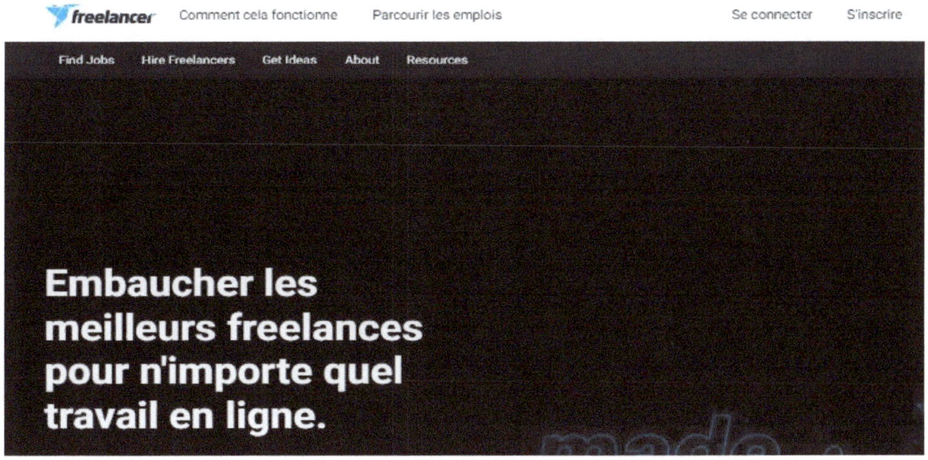

Freelancer est un site de télétravail basé en Australie, destiné aux informaticiens et clients du monde. Il est traduit en toutes les langues du monde. La commission prise sur vos factures est de 10 à 15 %. Vous êtes payé par PayPal, skrill, carte bancaire, virement bancaire.

https://www.fr.freelancer.com/

39. Virtualvocations

Virtualvocations est un site web américain spécialisé dans le travail à distance. Vous résoudrez des tâches d'informaticiens partout dans le monde. Le site est ouvert aux informaticiens du monde entier. L'inscription est gratuite, vous pouvez ainsi profiter de réductions de mission limitées. Après vous être abonné, vous auriez de nombreuses autres tâches. 15,99 $ pour 1 mois. 39,99 $ pour 3 mois. 59,99 $ pour 6 mois. Vous communiquez directement avec les clients. Si vous êtes insatisfait du contact reçu, vous obtiendrez une garantie satisfaisante ou un remboursement. Vous pouvez payer les frais d'abonnement par carte ou PayPal.

https://www.virtualvocations.com/

40.Creativ

Creativ est une interface digitale proposant des services aux informaticiens.

https://www.creativ.link/

41.WordClerks

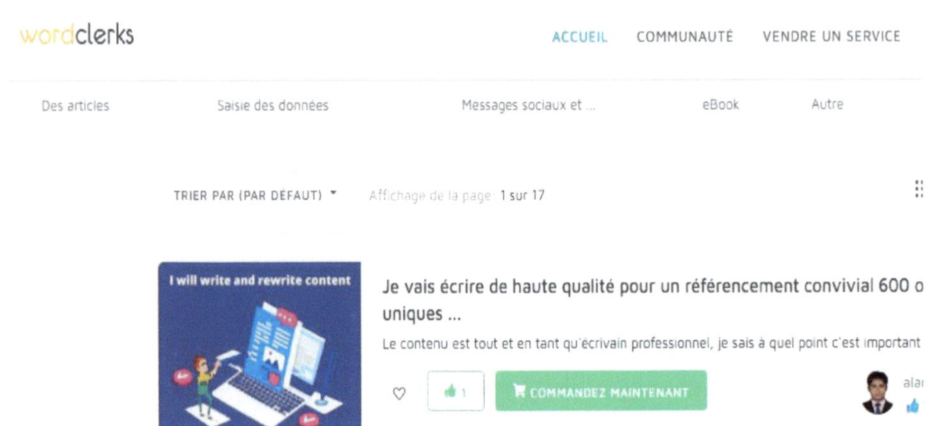

WordClerks est un marché indépendant pour les informaticiens.

Le pays d'origine est les USA en Caroline du Nord.

https://www.wordclerks.com/

42.Skillvalue

Skillvalue localise pour des clients des informaticiens qui correspondent à leur besoin.

https://www.skillvalue.com/

43. Talent

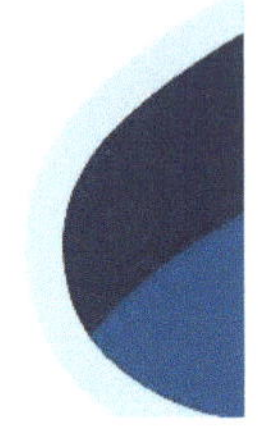

Sur talent, des projets de qualité pour informaticiens sont présents, il existe des missions d'au moins 3 mois.

Vous êtes payé sous 14 jours, Fini les factures impayées.

Inscrivez-vous gratuitement en quelques minutes.

https://www.talent.io/p/fr-fr/home

44. Sribu

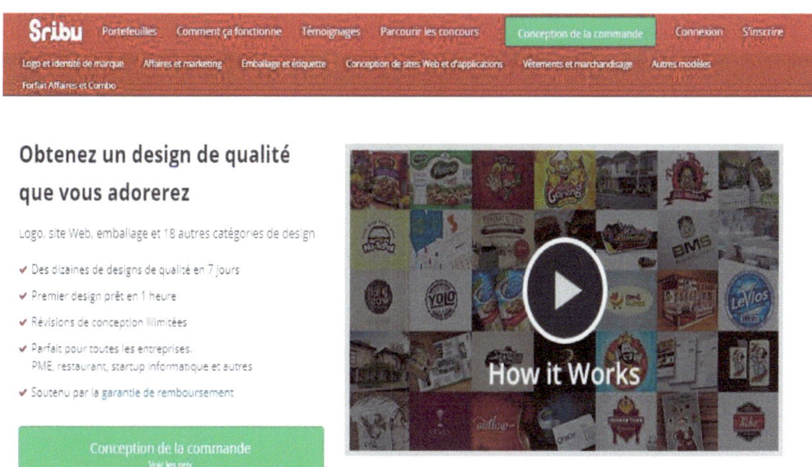

Sribu est un site web qui relie les clients qui ont besoin d'informaticiens. Le pays d'origine est l'Indonésie.

https://www.sribu.com/

45. Golance

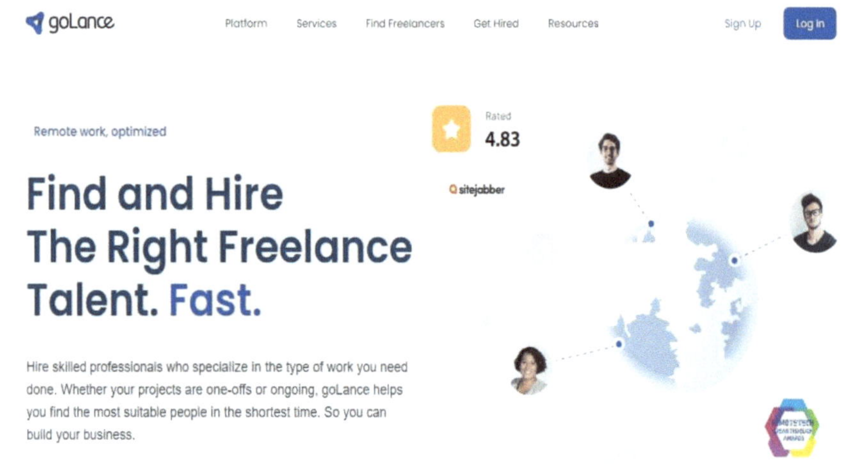

Golance est gratuit pour les informaticiens en freelance.

Le nombre de missions pour postuler est illimité. La commission prise sur vos ventes de prestations sera de 7,95 %.

Après la fin de vos prestations, il faudrait attendre 5 jours pour votre paiement par carte de débit virtuelle, Carte de crédit, virement bancaire, crypto-monnaie.

https://www.golance.com/

CONCLUSION

Le travail à distance n'a cessé d'évoluer et a réussi à rendre les entreprises individuelles plus efficaces.

Il apportera une meilleure valeur à tous vos travaux. Cela vous permettra de développer une clientèle mondiale et seule une bonne organisation pourra vous faire réussir.

Tous ces sites présents dans cet ouvrage, détaillée avec précision seront un réel avantage pour votre entreprise.

A Propos de l'auteur

Je m'appelle Ali Diak et j'ai obtenu un diplôme en Webmaster,

Développeur Web, Conception Web, Développeur de sites

Webdev, Prestashop et Wordpress.

Depuis des années, j'ai été chef d'entreprise et entrepreneur

auprès d'entreprises, de particuliers concernant toutes les

tâches liées à Internet.

Le but de mon livre est d'aider tous les professionnels à trouve

des missions, des marchésdes services en utilisant des sites

web fiables, légitimes et sécurisés du monde entier.

Les professionnels auront la possibilité de se consacrer à leurs

 activités via cet ouvrage qui fait office de guide ou d'annuaire,

sans avoir à passer du temps à effectuer

des recherches en ligne.

Demande Avis

Que pensez-vous de ce livre ? dites-le-nous en commentaire

et par Email à : issacar.edition@gmail.com

Votre avis sera bénéfique pour nous et pour les autres lecteurs.

Biographie Auteur

Ali Diak possède une licence en informatique.

Ali Diak étudie l'informatique et les mathématiques à l'âge de 6 ans.

Elle a suivi en mathématiques des personnes de tous âges.

Depuis plus de 13 ans, elle propose à la fois aux entreprises et aux particuliers tous les avantages d'Internet.

Elle est directrice de sociétés.

Les différentes expériences professionnelles ont permis de repérer plusieurs problèmes fréquents dans le domaine du web au quotidien qu'elle obtient grâce à ses efforts.

En outre, elle avait une passion pour l'écriture depuis longtemps, ce qui a conduit à la publication de son premier livre, intitulé "Qu'est-ce qu'un blog ?" en 2018.

Depuis, elle profite des occasions de publier des livres pour soutenir les lecteurs et les utilisateurs d'Internet.

Chaque site web offre une navigation facile et sécurisée sur Internet.

La même méthode a été utilisée par Ali Diak pour évaluer l'authenticité de chaque site mentionné dans ces ouvrages comme guide ou annuaire.

Et il examinera régulièrement l'état de ces sites.

Très engagée dans le domaine de l'édition du livre, elle est la fondatrice du site Internet « issacaredtion.com », qui regroupe l'ensemble de ces ouvrages.

On peut actuellement acheter plusieurs livres sur cette plateforme.

Profitez de ces conseils et de ces expériences afin de progresser dans le domaine d'Internet.

Livres de l'auteur

Les autres écrits suivants d'Ali Diak sont également très appréciés du public. Vous pourrez les localiser sur la plateforme ou le site web où vous l'avez acquis.

- Annuaire télétravail pour Ecrivains indépendants 41 sites indispensables

- Annuaire télétravail pour Traducteur indépendant 43 sites indispensables

- Annuaire télétravail pour Comptables indépendants 34 sites indispensables

- Annuaire télétravail pour Secrétaires indépendants 35 sites indispensables

- Annuaire télétravail pour Transcripteurs indépendant 39 sites indispensables

- Annuaire télétravail pour Informaticiens indépendants 45 sites indispensables

- **Annuaire télétravail pour Développeurs WinDev Webdev indépendants 40 sites**

- **Annuaire télétravail pour Programmeurs développeurs indépendants 44 sites indispensables**

- **Annuaire télétravail pour Graphistes Infographe indépendants 49 sites indispensables**

- **Annuaire télétravail pour Testeurs en informatique indépendants 41 sites indispensables**

- **Annuaire télétravail pour Photographe indépendants 37 sites indispensables**

- **Annuaire télétravail pour Musiciens indépendants 32 sites indispensables**

- **Annuaire télétravail pour Vidéastes indépendants 43 sites indispensables**

- **Qu'est-ce qu'un blog**

www.ingramcontent.com/pod-product-compliance
Lightning Source LLC
LaVergne TN
LVHW051453180726
843512LV00001B/11